ANTHROPIE

ESSAYS,   LIED,LYRIK
REIM

WARUM SOKRATES

VON ANDREAS FEHRLE

EINLEITUNG

WENN IHR IN EUREM INNEREN EINEN FUNKEN
HABT, EINE AHNUNG, EIN GESPÜR, EINE
INNERE STIMME VON ETWAS WAS EUCH NAHE
GEHT, INTERESSIERT, FESSELT UND IHR MERKT
DAS DIESE IMAGINATION EURES INNEREN ZUR

ENTWICKLUNG DRÄNGT UND SICH ÄUßERN MÖCHTE UND DOCH STOßT IHR IN DER WELT AUF WIDERSTAND WEIL IHR MERKT DAS SYSTEM INTERESSIERT SICH NICHT WIRKLICH FÜR DIE ENTWICKLUNG VON MENSCHLICHEM POTENTIAL UND MENSCHLICHER ENTWICKLUNG. BILDUNG DIENT NICHT ZUR ENTFACHUNG INTRINSICHER MOTIVATION VOM KINDERGARTEN MAL ABGESEHEN: ES SOLLEN NICHT GROßE GEISTER GESCHAFFEN WERDEN, DER MENSCH SOLL NUR ALS MITTEL ZUM ZWECK DEM SYSTEMERHALT UND DER MACHTFÖRDERUNG DER MACHT DIENEN: DANN KENNT IHR DAS GEFÜHL VON INTUITION DAS IHR IM UNTERRICHT GLAUBT JETZT GEHT HIER IRGENDETWAS SCHIEF, ENTWEDER BIN ICH ALS MENSCH VÖLLIG FALSCH ENTWORFEN UND MEIN POTENTIAL IST FÜR EINE ANDERE WELT GEDACHT, ODER ICH SOLL ALS MENSCH EINFACH NUR ZUR KONFORMITÄT KONDITIONIERT WERDEN WAS MEIN GEFÜHL MIR NAHE LEGT. ICH HABE KEIN PROBLEM DAMIT EIN VERSAGER ZU SEIN DARAN BIN ICH GEWÖHNT: SOLANGE ICH ALS MENSCH ICH SELBST BLEIBEN DARF UND ICH BIN LIEBER EIN VERSAGER ALS EIN JASAGER WENN ICH WEISS DAS ICH MICH BEIM JA SAGEN SELBST VERLIERE. WENN BILDUNG AN DEM VORBEI GEHT WAS DER MENSCH IN SEINEM INNEREN MITBRINGT UND DAS MENSCHLICHE POTENTIAL NEGIERT WEIL DAS VORGEGEBENE ZIEL GAR KEINEN PERSÖNLICHEN RAUM FÜR ENTWICKLUNG LÄSST; WEIL DER PROZESS GAR KEIN PROZESS IST, SONDERN STRINGENTE DOGMEN PAKETE WELCHE ALS DIDAKTISCH AUFBEREITETES

MATERIAL EINGEFÜHRT WERDEN MÜSSEN, OHNE DABEI IN DEN MEISTEN FÄLLEN ÜBERHAUPT EINE LANGFRISTIGE ENTWICKLUNG ODER ERKENNTNIS DARAUS ZU ZIEHEN: DANN EMPFINDE ICH DAS SUBJEKTIV GESEHEN NICHT ALS BILDUNG. ES MAG FÜR VIELE FUNKTIONIEREN AUF DIESE ART ZU LERNEN UND ES MAG DEM ZIEL DIENEN, ABER DIE ZUKUNFT ERWARTET VON UNS MEHR!

RICHARD DAVID PRECHT ANNA DIE SCHULE UND DER LIEBE GOTT. DER VERRAT DES BILDUNGSSYSTEMS AN UNSEREN KINDERN:

ZEIGT EINEN WEG AUF WIE WIR JENSEITS DES BISHER KONVENTIONELLEN SCHULSYSTEMS UND DER SELEKTIERUNG DURCH DEN TAYLORISMUS ZU EINEM GUTEN BILDUNGSVERSTÄNDNIS GELANGEN KÖNNEN.

WASHBURNES MASTERY LEARNING IST Z.BSP. SO EIN BESSERER WEG.

UND AUCH DER FACHKRÄFTEMANGEL IST EIN VOM SYSTEM SELBSTVERURSACHTES PROBLEM: WER DAS POTENTIAL IM MENSCHEN NEGIERT UND LEUGNET UND ES NUR GELTEN LÄSST WENN ES DIREKTEN WIRTSCHAFTLICHEN INTERESSEN DES STATUS QUO FÖRDERLICH IST: BRAUCHT SICH ÜBER VERSCHWENDETES POTENTIAL NICHT WUNDERN.

ALSO STIMMT MIT MIR FÜR DIE ABSCHAFFUNG DES TAYLORISTISCHEN SYSTEMS AN DEUTSCHEN SCHULEN: FÜR

UNSERE KINDER UND FÜR EINE ENTWICKLUNG DES MENSCHEN IN DER ZUKUNFT. AUCH WIDERSPRICHT DER TAYLORISMUS DEM GRUNDGEDANKEN DER INKLUSION UND IST VERMUTLICH SOMIT NICHT MEHR VERFASSUNGSKONFORM.

WENN IHR EURE EIGENEN FÄHIGKEITEN ENTWICKELN WOLLT ALS EIN LICHT WELCHES IN DIE WELT SCHEINEN WILL UNTERSCHREIBT DIE PETITION GEGEN DEN TAYLORISMUS: MEIN DANK UND DER DANK ZUKÜNFTIGER GENERATIONEN IST EUCH GEWISS!!!!

SIEHE LINK: HTTPS://CHNG.IT/DRBKXBVGGT

DES WEITEREN BIN ICH OFFEN FÜR KRITIK UND ANREGUNGEN:
ANDREAS.FEHRLE@GMX.DE

SOKRATES HIELT EINE WAHRHEIT NIE FÜR ABSOLUT UND UNUMSTÖSSLICH: „ICH WEIß DAS ICH NICHTS WEIß " WAR SEIN WAHLSPRUCH, WAR SEINE PRÄMISSE. ENTWICKLUNG SETZT FRAGEN, ZUSAMMENHÄNGE BEGREIFEN UND IN FRAGE STELLEN VORAUS: DER KREATIVE MENSCH MUSS ÜBER DIE REGELN UND DIE GESETZTMÄSSIGKEITEN DES BESTEHENDEN HINAUSSCHAUEN. LEONARDO DA VINCI, EINSTEIN ETC. HABEN ES UNS VORGELEBT. SO IST ES UNERLÄSSLICH FÜR FORTSCHRITT UND EIN GUTES ÖFFENTLICHES DEUTSCHES BILDUNGSSYSTEM DAS WIR AUF DIE INNERE STIMME DES MENSCHEN HÖREN: DAS WIR

KREATIVITÄT UND INTUITION IN DAS LEBEN UNSERER GESELLSCHAFT INTEGRIEREN: WEIL WIR EINE ZUKUNFT ERWARTEN IN DER WIR ALS MENSCH HANDLUNGSFÄHIG, HANDLUNGSFREUDIG UND IDEENREICH SEIN MÜSSEN. DAS WIRD ZU EINER GRUNDPRÄMISSE UNSERES ÜBERLEBENS ALS MENSCHHEIT WERDEN. ABER NICHT NUR DIE INFLEXIBLE HALTUNG GEGEN EINEN PROGRESSIVEN HUMANISMUS STELLT UNSERE EIGENSTÄNDIGKEIT UND ENTWICKLUNGSFÄHIGKEIT IN FRAGE: NEIN AUCH DIE VERSUCHUNG KI GESTÜTZT UNSER DENKEN, UNSER FÜHLEN UND UNSERE EIGENSTÄNDIGKEIT DURCH DRUCK ODER BEQUEMLICHKEIT AUFZUGEBEN. SO SIND WIR AUF ALLEN SEITEN UNTER DRUCK FÜR UNSER EIGENES SELBST UND UNSERE PERSÖNLICHKEIT EINSTEHEN ZU MÜSSEN.

EIN REDUKTIONISTISCHES WELTBILD ENTSPRICHT NICHT DER KOMPLEXITÄT MENSCHLICHER EXISTENZ.
EIN REIN AUF DAS KRITISCH RATIONALE DENKEN BESCHRÄNKTE BLICK AUF DIE WELT UND DEN MENSCHEN IST WICHTIG UM UNSER HANDELN ALS ERZIEHER ZU PROFESSIONALISIEREN. JEDOCH WIRKT, REIN SUBJEKTIV GESEHEN ABER IN DER ANLEHNUNG AN KOGNITIONSWISSENSCHAFTLICHE ERGEBNISSE ÜBER DIE ZUNAHME VON RAUSCHZUSTÄNDEN DURCH ALKOHOL, DIE EINSCHRÄNKUNG DER LEBENSWELT DES

MENSCHEN DURCH GESELLSCHAFTLICH RATIONALISIERTE STEUERUNG DES MENSCHEN SELBST IM PRIVATEN BEREICH SICH NEGATIV AUF DIE ENTWICKLUNG, UND DIE GEFÜHLSMÄßIGE ENTFALTUNG DES MENSCHEN AUS. WENN WIR DEN KINDERN ZUGESTEHEN EINE SEELE ZU HABEN WÄRE ES DAMIT NICHT GETAN, WEIL JA AUCH DIE KINDER VON ANDEREN MENSCHEN UMGEBEN SIND. HERMANN NOHL HIELT DIE BESCHRÄNKUNG DER LEBENSWELT DES MENSCHEN, WELCHE DURCH DIE REIN AUF DEN GEIST DES MENSCHEN BESCHRÄNKT, BLIEB UND DURCH DIE AUFKLÄRUNG VERURSACHT WURDE FÜR EIN UNGESUNDES ENTWICKLUNGSSYMPTOM FÜR GESELLSCHAFTLICHE ENTWICKLUNG. UND C.G.JUNG SIEHT IN DEM HERAUFHOLEN VON TEILEN DES KOLLEKTIVEM UNTERBEWUSSTEN INS BEWUSSTSEIN EINEN ENTSCHEIDENDEN SCHRITT ZUR GESUNDUNG DER MENSCHHEIT. EINSTEIN SELBST BEZEICHNETE DEN VERSTAND ALS DIENER, INTUITION UND FANTASIE ALS DEN HERRN. NATÜRLICH IST ES WICHTIG WISSEN ZU ERLANGEN UND SEINEN GEIST ZU SCHULEN: ABER DAS WESEN DES MENSCHEN IST WEDER RATIONAL ERKLÄRBAR NOCH NUR DURCH RATIONALE ERWÄGUNGEN AUF GESUNDE ART ZU STEUERN. HINSICHTLICH DER REFLEXION UND DER EVALUIERUNG DES EIGENEN VERHALTENS MUSS EIN ZUGANG ZUM EIGENEN INNEREN ÜBER MEDITATION, ETC. GESUCHT WERDEN, UM UNGESUNDE VERHALTENSMUSTER ABBAUEN ZU KÖNNEN UND UM KONDITIONIERTE GLAUBENSSÄTZE UND MANIFESTIERTE VERHALTENSWEISEN AUF

DEN ZEITGEMÄßEN UMGANG HINSICHTLICH DER ENTWICKLUNG VON KINDERN HIN ZU ÜBERPRÜFEN. ZWAR KANN AUCH DIE REFLEXION IN DER GRUPPE HELFEN SEIN HANDELN ZU PROFESSIONALISIEREN: ABER DA ES IMMER UM DAS EIGENE WESEN GEHT, DAS ZU ERGRÜNDEN IST, IST EIN ABTAUCHEN IN DAS EIGENE SELBST VERMUTLICH UNERLÄSSLICH. HINSICHTLICH DES ZUGANGS DES WESENS DER KINDER MUSS ICH DIESE ÜBERLEGUNG FÜHREN MANGELS MENSCHENKENNTNIS: ICH GLAUBE DAS ES IM UMGANG MIT MENSCHEN HILFT VON NIEMANDEN ZU ERWARTEN JEMAND

ANDERES ZU SEIN, ALS ER IST UND DIESE EINSTELLUNG ALS GRUNDHALTUNG ZU ETABLIEREN: DENN NICHTS SCHÄTZT DER MENSCH UND DAS KIND MEHR, ALS WENN SIE WISSEN, DASS IHRE INTEGRITÄT GEWAHRT, BLEIBT. IN DER ERMANGELUNG EINES EINHEITLICHEN MENSCHENBILDES UND IN ANBETRACHT DER TATSACHE, WAS DER MENSCH IST UND WAS ER BRAUCHT, UM ZUR VOLLENDUNG ZU GERATEN: KANN ICH NUR ÜBER DAS WESEN UND DIE VERHALTENSWEISEN DER KINDER SPEKULIEREN. IN DER ANNAHME DAS JEDER MENSCH VON GEBURT AN DAS EIGENE MENSCHSEIN ERLEBT, ERFORSCHT UND ERFÄHRT SOLLTEN WIR ALS MENSCHHEIT EIGENTLICH MEHR ZU EMOTIONALER REIFE GELANGT SEIN. DIE TREUE DES MENSCHEN ZU SICH SELBST BESTIMMT AUCH SEIN PROFESSIONELLES EMOTIONALES HANDELN IM UMGANG MIT SEINEN MITMENSCHEN UND BESTIMMT AUCH DIE AUTHENTIZITÄT DEN

KINDERN GEGENÜBER: D.H. IM UMKEHRSCHLUSS MUSS ICH ES RISKIEREN SELBST ZU DENKEN UND ZU FÜHLEN: WAS ICH AUCH DEN KINDERN ZUGESTEHEN MUSS: OHNE MEIN SELBST VON DER ANGST DES VERSAGENS ODER DER DESINTEGRATION AUS EINEM SYSTEM ABHÄNGIG ZUMACHEN UND HIERIN SEHE ICH EIN GRUNDPROBLEM UNSERER GESELLSCHAFT. NATURVÖLKER WELCHE LANGE ZEIT VON AUFKLÄRUNG UND INDUSTRIALISIERUNG VERSCHONT GEBLIEBEN SIND: LEIDEN NICHT UNTER DEN ZIVILISATORISCHEN ERKRANKUNGEN UNSERER ZEIT UND EMPATHIELOSIGKEIT IST BEI IHNEN AUCH KEIN GESELLSCHAFTSSYMPTOM. DIE AUFKLÄRUNG HAT UNS VIEL GUTES GEBRACHT OHNE ZWEIFEL JEDOCH DIE BESCHRÄNKUNG DES MENSCHEN REIN AUF SEINE RATIO FÜHRT VERSTÄRKT ZU PROBLEMEN DA DER MENSCH SPÜRT DA MUSS NOCH MEHR SEIN. ES KÖNNTE SOGAR SEIN DAS DIE BESCHRÄNKUNG DES MENSCHEN ALLEIN AUF SEIN DENKEN DEN BLICK FÜR DIE SCHÖNEN DINGE DES LEBENS VERSTELLT UND SOMIT INDIREKT DIE WELT IN DIE BEIDEN GROßEN WELTKRIEGE GEFÜHRT HAT, WÄRE SICHER INTERESSANT FÜR SOZIOLOGEN.

IN EINER DOKUMENTATION DER GLOBALE RAUSCH WIRD DARAUF HINGEWIESEN, DASS ALKOHOL DIE VERNUNFT AUSSCHALTET ABER DAS AUCH DOPAMIN, SEROTONIN, ETC. PRODUZIERT WERDEN UND DAS EIN UNGEHEMMTER ZUGANG ZU DEN GEFÜHLEN ENTSTEHT. DROGEN SIND AUS DEM GRUND SO

VERLOCKEND, WAS ERLEBNISPÄDAGOGIK ERKANNT HAT, WEIL DER MENSCH IN UNSERER GESELLSCHAFT, VOR ALLEM DURCH ZWANG UND DURCH ARMUT AUSGELÖST: NICHT MEHR AUF NATÜRLICHE WEISE SICH DURCH LEBEN OHNE DROGEN GEFÜHLSMÄßIG SICH SO WEIT ZU STIMULIEREN VERMAG: WAS SICHER NICHT FÜR JEDEN GILT ABER ALS SYMPTOM UNSERER GESELLSCHAFT EXISTIERT. DARUM IST ES WICHTIG EINE BALANCE ZU SCHAFFEN ZWISCHEN VERNUNFT UND GEFÜHL.

WIE WICHTIG ZUSAMMENHÄNGE SIND HAT Z.BSP.: MARIA MONTESSORI IN IHRER KOSMISCHEN ERZIEHUNG DARGESTELLT. ZUSAMMENHÄNGE SIND NICHT NUR BEWUSSTSEINSBILDEND, SONDERN AUCH ENTWICKLUNGSFÖRDERND UM SO VERSTÖRENDER MUSS ES FÜR KINDER SEIN, WENN DIE WELT IN IHRER GESAMTHEIT ZUSAMMENHÄNGE LEUGNET. RAKETEN UND KRIEGE SIND SEHR SCHLECHT FÜR DAS KLIMA DOCH WIRD DARÜBER NIE ODER FAST NIE BERICHTET. DAS IST NUR EINES VON VIELEN PARADOXIEN VON DER UNSERE WELT SO VOLL IST. WIR WISSEN DAS UNSER PLANET NICHT UNBEGRENZTES WIRTSCHAFTSWACHSTUM VERTRÄGT UND DOCH STREBEN WIR BESTÄNDIG NACH WACHSTUM UND ZERSTÖREN DIE WELT: MÜSSEN DIESE WIDERSPRÜCHE FÜR KINDER NICHT VERSTÖREND WIRKEN. SOLLTEN WIR NICHT VORHER AN UNS ARBEITEN DAMIT DIE KINDER VON UNS LERNEN KÖNNEN? UND

WARUM AKZEPTIEREN WIR DIESE ZUSTÄNDE, WENN WIR DOCH IN DER LAGE SIND EIGENSTÄNDIG ZU DENKEN? ICH HABE FRÜHER MANCHMAL LEUTE GEFRAGT, OB SIE GLÜCKLICH UND ZUFRIEDEN SIND UND SIE SAGTEN NEIN: DIE WELT, DAS SYSTEM IST HALT SO DA KANN MAN ALS EINZELNER NICHTS TUN: DASS MUSS ICH SO HINNEHMEN WIE ES IST: DAS PROBLEM DABEI IST DAS WIR KINDER BRAUCHEN, WELCHE ES SCHAFFEN AN DAS MÖGLICHE ZU GLAUBEN UND DAS UNMÖGLICHE ANZUGEHEN, DESWEGEN BRAUCHEN WIR EIN EINHEITLICHES, GANZHEITLICHES NICHT REDUKTIONISTISCHES MENSCHENBILD. ENTSCHEIDEND FÜR PÄDAGOGIK IST DIE FRAGE WO WOLLEN WIR ALS MENSCHHEIT HIN, WAS IST DER MENSCH UND WOZU IST ER FÄHIG, WENN DIE WISSENSCHAFT DES OPTIMALEN LEBENS UND ENTWICKLUNGSBEDINGUNGEN FÜR DEN MENSCHEN HERAUSGEFUNDEN HABEN, WARUM NUTZEN WIR DANN NICHT DIESES WISSEN? JEDER MENSCH HAT EINE INNERE STIMME DOCH NACH IHR ZU HANDELN FÄLLT UNS SCHWER: NICHT HINZUHÖREN SCHEINT DIE BESTE LÖSUNG ZU SEIN; DIE GESÜNDESTE WÄRE ES AUF SIE ZU HÖREN UND NACH IHR ZU HANDELN.

AUFKLÄRUNG KANN NUR DURCH EINE VOLLENDETE ALLGEMEINGÜLTIGKEIT, EINES MENSCHENBILDES WELCHES GANZHEITLICH ABGESCHLOSSEN IST, ZUR VOLLENDUNG GELANGEN.

WIKIPEDIA MEINT DAZU: KRITIK AN DEM „VERNUNFTGLAUBEN" ENTSTAND SEIT ETWA 1750 UNTER DEN AUFKLÄRERN SELBST, DANN IM STURM UND DRANG UND IN DER ROMANTIK, ABER AUCH IM SKEPTIZISMUS UND DEM SICH ZU BEGINN DES 19. JAHRHUNDERTS FORMIERENDEN POLITISCHEN KONSERVATISMUS. SEIT 1945 WIRD DIE EUROPÄISCHE AUFKLÄRUNG ANGESICHTS IHRER SPÄTFOLGEN AUCH ALS UNABGESCHLOSSENES UND AMBIVALENTES PROJEKT GEDEUTET, ETWA IN DER FRANKFURTER SCHULE; IN JÜNGERER ZEIT WIRD AUFKLÄRUNG ÜBERDIES ALS UNVOLLENDETER GESELLSCHAFTLICHER EMANZIPATIONSPROZESS GEWERTET, DER AUCH IM 21. JAHRHUNDERT DER FORTFÜHRUNG BEDÜRFE, SO ETWA VON DER GIORDANO-BRUNO-STIFTUNG. ANALOGE EMANZIPATIONSPROZESSE, IHR FEHLEN ODER IHRE NOTWENDIGKEIT WERDEN AUCH BEI ANDEREN KULTUREN DISKUTIERT. DIE DENKANNAHMEN DER AUFKLÄRUNG STEHEN IM ZENTRUM DER KRITIK DER THEORETIKER DER POSTMODERNE, WÄHREND DIE MEISTEN GEISTES- UND SOZIALWISSENSCHAFTLER SICH WEITERHIN IN DER MODERNE VERWURZELT SEHEN UND SICH POSITIV AUF DIE GEDANKEN DER AUFKLÄRUNG BEZIEHEN. SIE STELLEN DIE ALLGEMEINE ERKLÄRUNG DER MENSCHENRECHTE DER VEREINTEN NATIONEN VOM DEZEMBER 1948 IN DIE TRADITION DER AUFKLÄRUNG.
WER SOLL ENTSCHEIDEN WER WIR ALS MENSCH SIND: ES IST EIN DILEMMA, IN DEM WIR STECKEN: DENN PÄDAGOGIK SOLLTE SICH

DARAN ORIENTIEREN IM WISSEN DARUM,
WER DER MENSCH IST UND WO DIE
ENTWICKLUNG HIN GEHEN SOLL.

DER MENSCH IST KEIN PRODUKT SELBST
WENN WIR UNS SELBST HIN UND WIEDER ZUM
PRODUKT UNSERER EIGENEN ENTWICKLUNG
MACHEN FUNKTIONIERT DAS NUR DURCH
EIGENINTERESSE UND SELBSTMOTIVATION.
VON AUßEN DAS PRODUKT UND DAS ZIEL
VOR DEN EIGENTLICHEN
ENTWICKLUNGSPROZESS DEM
LERNEN ZU STELLEN MIT EINER
AUFBEREITETEN DIDAKTIK WELCHES DEN
LERN INHALT SCHAL UND ABGESTANDEN
WIRKEN LÄSST TÖTET JEDES
SELBSTWIRKSAMES, (INTERNISTISCHES)
INTRINSISCHES INTERESSE UND JEDER FUNKEN
VON BEGEISTERUNG MUSS SOFORT
ERLÖSCHEN. WIR ALS GESELLSCHAFT WIR
STELLEN DAS ZIEL, DAS PRODUKT VOR DEN
EIGENTLICHEN ENTWICKLUNGSPROZESS,
DAS LERNEN UND DAS DIDAKTISCH
AUFBEREITETE MATERIAL IST SO STRINGENT
VORGEGEBEN DAS JEDES EIGENSTÄNDIGE
DENKEN ZUR BITTEREN FARCE AUSARTEN
MUSS. JEDE ASSOZIATION, JEDE FREUDE AM
PROZESS, JEDE VERKNÜPFUNG, JEDES
WEITERDENKEN JEGLICHE KREATIVITÄT UND
JEGLICHES GEFÜHL WELCHES MIT
PERSÖNLICHKEITS-
BILDUNG UND SELBSTENTWICKLUNG ZU TUN
HAT WIRD UNTER DEM ZU PÜREE VERMIXTEN
EINHEITSBREI ERSTICKT DEN WIR IN UNSEREM

ÖFFENTLICHEN BILDUNGSSYSTEM LERNEN UND BILDUNG NENNEN!

DER 11. SEPTEMBER (SOKRATISCHE FORM)
WAS IST FREIHEIT?
DAS KOMMUNISTISCHE IDEAL?
ODER DAS KAPITALISTISCHE IMPERIAL?
RELIGIÖSER FANATISMUS? ODER
WIRTSCHAFTLICHER LIBERALISMUS?
VIELLEICHT AUCH DIE ANARCHISTISCHE
VERNUNFT?
DAS LEBEN IST EIN GESCHENK UND DER TOD
IST EIN OPFER!
IN BRÜSKIERENDER BLINDHEIT SOWIE IM
EIFRIGEM ZORN!
DIE WAAGSCHALEN DER GERECHTIGKEIT
WERDEN MIT DEM SCHWERT ZERSCHLAGEN!
WO UNVERSÖHNLICHKEIT UND FANATISMUS
HERRSCHT! DARUM REIßT DIE SCHRANKEN
NIEDER UND TOLERIERT DIE FREMDEN
WIEDER! WIE VOR BABYLONISCHER ZEIT! MEIN
MAßLIEBCHEN HALTE MAß WIR WOLLEN
LIEBEN UND NICHT VOR LAUTER LIEBE
VERGLÜHEN. HALTE MAß MAßLIEBCHEN
DENN LIEBE WILL VERBLÜHEN.

WISSENSBULEMIE VERSUS NACHHALTIGKEIT

DAS KIND IST IN DEN BRUNNEN GEFALLEN:
MIST ZU SPÄT,
VERDURSTEN WIRD ES NICHT GENUG WASSER
UND WISSENSFÜLLE FÜLLEN DIESEN BRUNNEN:
UM AUCH SICHER ZU GEHEN,
WASSERBILDUNG VON OBEN.
ABGEFÜLLT MIT WISSEN SICH SELBST
VERLIEREND WEIß DAS KIND NICHT EIN
NOCH AUS. EIN ABGEFÜLLTES KIND: WIE EINE
STOPFGANS BEREIT ZUR SCHLACHTUNG.
BILDUNG IST DIE MONETÄRE VERWERTUNG
VON LEBEN. IN SEINEM INNERN KANN SICH
NICHTS MEHR REGEN: NUR SELBSTHASS,
SELBSTSCHAM UND EINE UNERKLÄRLICHE
TRAURIGKEIT.
ES FÜHLT SICH GEISTIG UND KÖRPERLICH
MISSBRAUCHT,
ABGEFÜLLT, MIT EINEM STOFF DER NICHT ZU
IHM GEHÖRT.
WAR DOCH IN IHM ETWAS WUNDERBARES
ANGELEGT DAS JETZT ZERSTÖRT IST. DER
TAYLORISMUS ER SOLL NICHT ENTWICKELN:
IM GEHT ES UM ANPASSUNG, KONFORMITÄT
UND DAS TRENNEN NACH STRESSRESISTENZ:
DOCH WIR, WELCHE DIESES SYSTEM
DURCHLAUFEN HABEN, LEIDEN LÄNGST AM
STOCKHOLM SYNDROM DEUTSCHLAND
LEIDET UNTER EINEM
DEUTSCHLANDSYNDROM:
DIE MASSE IST IN PSYCHISCHER GEISELHAFT
GEFANGEN:
WÄRTER SIND DAS KAPITAL.
ENTWICKLUNG & REIFUNG IST EIN
LEBENSPROZESS, DER NUR IN VIELSEITIGKEIT
IM LICHT DER WELT GEDEIHEN KANN:

WENN SICH VERTRAUEN & FREIHEIT IM
PRISMA DER MENSCHLICHEN SEELE ZU
BUNTEM SPIEL VEREINEN.
LEBE AUF BEWUSSTSEIN!
LEBE AUF BILDUNG! WACHSEN
DER PERSÖNLICHKEIT! ZUM
WOHLE DER WELT!

DAS AUFRÄUMLIED
(MELODIE: ALLE MEINE ENTCHEN)

VIELE KLEINE FÜßE KOMMEN JETZT ZUR RUH,
KLEINE FLINKE HÄNDE SCHAFFEN JETZT IM
NU,
WEIL WIR EINE GRUPPE SIND, SIND WIR ALLE
DA! SO WIRD UNSER KINDERGARTEN SAUBER,
DAS GANZE JAHR.
VIELE KLEINE AUGEN SCHAUEN FLINK UMHER,
WAS IM RAUM SO RUMLIEGT, FINDET WER
NICHT MEHR?
WELCHES KIND KANN SEHEN WO DER WÜRFEL
LIEGT?
WIRD GESCHWIND, GEMEINSAM ALLES
AUFGEPICKT!
VIELE KLEINE OHREN LAUSCHEN SCHWEIGEND
STILL,
HÄNDE   KOMMEN   ZUR   RUHE: DENN
ORDENTLICH IST VIEL!
AUGEN GEHEN SUCHEN OB NOCH WO WAS IST.
ALLE SCHACHTELN GESTAPELT AUCH ALLES
DRINNEN IST.

VIELE KLEINE FREUNDE FREUEN SICH JETZT
SEHR,
DER GANZE RAUM IST WIEDER SUPER UND
GANZ LEER
DENN ALLE HABEN SO UND SO VIEL PLATZ
UND ALLE FREUNDSCHAFT MACHT WIEDER
RICHTIG SPAß.
VIELE KLEINE MÜNDER SIND NUN WIEDER
UND DIE OHREN LAUSCHEN RINGS HERUM
GANZ STILL
VIELE KLEINE HÄNDE VERBINDEN ZU EINEM
KRANZ
UND ALLE KLEINEN FÜßE TANZEN DEN
AUFRÄUMTANZ.
VIELE KLEINE ZÄHNE LACHEN FREUDIG;
STIMMEN WERDEN BUNTER, DIE SONNE
LEUCHTET AUF: UND ALLE SIND GUT
DRAUF: DENN WIR HABEN EINEN LAUF
!

RAUS AUS DER SKINNER BOX: REIN INS LEBEN!
WIR KONTERKARIEREN, WIR
KONTERLINIEREN, WIR KONTERPUNKTIEREN.
DREHEN UNS IM KREIS. BILDUNG FÜR DEN
MENSCHEN DURCH DEN MENSCHEN IST
NICHT FAVORISIERTE PRAKTIK.
KONFORMITÄT UND AUF FOLGSAMKEIT
GESTÜTZTE OBJEKTWESEN BLEIBT DAS ZIEL
DER MACHT DER TAYLORISMUS TREIBT ZUR
EILE AN. G8 TAKTUNG: OFFIZIERE MÜSSEN AN
DIE FRONT. DIE WIRTSCHAFT SIE VERLANGT
NACH JUNGEM BLUT, LEICHT ZU FORMENDES
MENSCHENMATERIAL. PERSÖNLICHKEIT UND

FREIHEIT SIND NUR DEN SPRÖßLINGEN DES KAPITALS VORBEHALTEN. DIE BILDUNGSELITE SEPARIERT SICH IN PRIVATSCHULEN. DAS ÖFFENTLICHE BILDUNGSSYSTEM BLEIBT EINE MANAGERIE DES SCHRECKENS; EIN ZIRKUS DER UNZULÄNGLICHKEITEN; EIN KABINETT DES GRAUENS: ES HERRSCHT EIN FRONTALUNTERRICHT ZUM GRUSELN UND VERBITTERTE AUTORITÄT LÄSST DIE KINDER VERKÜMMERN. IST DER MENSCH? MENSCH SEIN UM DES MENSCH SEINS WILLEN? NICHT BEREITS SCHON DER GRÖßTE IMPULS FÜR ENTWICKLUNG SCHLECHTHIN?

DIE EROBERUNG VON BILDUNG, WOHLSTAND, LEBEN ES IST DER ELITE EIN GRAUS:
WARUM SOLLTE DIE MASSE SICH BILDEND EINBILDEN WAS ZU SEIN.
WÄRE DANN NICHT DER PLATZ AN DER SONNE GEFÄHRDET: MERKEN WIR DENN DEN EINFLUß VON OBEN? WERDEN WIR ALS MENSCHEN VOM KAPITAL IN UNSERER WÜRDE KOMPROMITTIERT: WIRD UNSER BESTREBEN ALS MENSCH NACH VORANKOMMEN DIFFAMIERT.
DIE DRANGSAL VON KÜRZUNGEN, VERSCHLEPPUNGEN, BOYKOTT UND
SABOTAGE DURCH DAS SYSTEM GESCHIEHT SUBTILE UND UNSCHEINBAR:
DA PLÖTZLICH ZUZAHLUNGEN IM GESUNDHEITSSYSTEM, HIER EINE KÜRZUNG VON LEISTUNGEN
UND DINGE WELCHE DER MENSCH VON FRÜHER KANNTE WELCHE POSITIV FÜR LEBEN UND ENTWICKLUNG WAREN:

SIND PLÖTZLICH VERSCHOLLEN. JA ES IST
VAGE UND UNBESTIMMT ABER ES ENTZIEHT
SICH DEM DEMOKRATISCHEN EINFLUSS DER
MASSE.
UND ES IST WEDER OFFIZIELLE TAKTIK NOCH
WIRD DARÜBER POLITISIERT. ES IST DIE
ZENSUR, DER ZENSUR UND NIEMAND WEIß
VON NICHTS. PHANTOME, GEISTER UND
SCHATTEN:
BILDUNGSMISERE UND FACHKRÄFTEMANGEL
SCHNEIDEN DURCH SOZIALE SCHICHTEN,
DURCH FAMILIEN UND DURCH DAS
BEWUSSTSEIN.
VIELLEICHT WISST IHR DAVON ODER IHR
SPÜRT EIN SANFTES ECHO.
DAS MESSER DER SEPARIERUNG UNTERTEILT IN
SCHICHTEN:
WILL STÜCKE FÜR SICH UND DIE KNOCHEN
BLEIBEN FÜR DIE HUNDE:
ABSCHAUM UNTER DEN TISCH AUS DEM SINN
UND AUS DEM BLICK. ES BLEIBT DIESES BILD
VOM MENSCH WELCHES SICH DURCH DAS
KAPITAL HERANBILDET
JENES BILD WELCHES GEWÜNSCHT UND
GEWOLLT IST UND NICHT JENES WELCHES
SINNVOLL WÄRE.

DAS GEFÜHL IN UNS

DER MENSCH WIRD VOM GEFÜHL SEIN LEBEN
SEIN WIRKEN WIRD VOM GEFÜHL GETRAGEN,

GEFÜHL VERBINDET GEIST TRENNT GEFÜHL
ASSOZIIERT, ES IST KREATIV UND TÄTIG
DER GEIST DER BILDUNG IST NUR DER GEIST
DES MENSCHEN DURCH GEFÜHL: GOETHE IM
FAUST: „FÜHLST DU ES NICHT SO KANNST DU
ES NICHT ERFASSEN"
DAS HERZ SCHAFFT DEN GEIST DIE
PERSÖNLICHKEIT
UND NUR FREIHEIT GIBT DEN WEG FREI FÜR
ENTWICKLUNG. BILDUNG ERREICHT ERST
DURCH SEINE ZWECKFREIHEIT SEINEN
UNBEDINGTEN NUTZEN
DENN DER MENSCH IST DER UNIVERSELLE
ZWECK SELBST
UND SOMIT DER WAHRE KATALYSATOR FÜR
DIE SICH ENTWICKELNDE WELT.

IM INNEREN ERSCHÜTTERT OFFENBART SICH
DIE WELT:
RETTE MICH GEHIRN: SEROTONIN UND
DOPAMIN DIE GEFÄHRTEN DES LERNENS,
SUCHTERFAHRUNG BRAUCHT
GLÜCKSERFAHRUNG, SELBSTWIRKSAMKEIT
DURCH ERLEBNIS: WISSEN ALS GEFÜHL UND
DAS ERLEBTE LERNEN BILDET
PERSÖNLICHKEIT.
LERNEN ALS ERLEBNISWELT, FORSCHEN,
TÜFTELN AN DER NATUR AM LEBEN ZU SEIN:
SCHAFFT DEN EMPHATISCHEN MENSCHEN.
ALLES IST VERKNÜPFT MIT GEFÜHL:
BILDUNGSSYSTEM: ERWECKE DIESES GEFÜHL
UND LEIDENSCHAFT IST DAS PRODUKT. DER
DRUCK

SPÜRST DU DEN DRUCK UNTER DEINEN
FÜßEN,
DEN DRUCK ÜBER DEINEM HAUPT, SPÜRST DU
DEN DRUCK AUF DEINEM HERZEN, DEN
DRUCK AUF DEINER HAUT. SPÜRST DU WIE
SICH DEINE ZILIEN WINDEN? UND DU GLEICH
DIE SCHWERKRAFT SPÜRST: WIE EIN GOTT AUF
DEINEN SCHULTERN DICH HIN ZUM BODEN
SCHIEBT. SPÜRST DU DAS RINGEN VON
GEDANKEN DAS IN DEINEM HIRN ROTIERT
UND DIE DREHUNG DES PLANETEN MIT DEM
DU AUCH MAL GERNE MARSCHIERST.
SPÜRST DU WIE AUTORITÄRE MACHT DIR
LEIDENSDRUCK VERSCHAFFT UND DICH
ANGSTERFÜLLT ZU BODEN RAFFT. SPÜRST DU
DIE FREIHEIT DER GEDANKEN WIE SIE DEINEN
GEIST BELEBT
UND WO DU FREUDE SPÜRST WIRD
ENTWICKLUNG ANGEREGT.
SPÜRST DU DEN DRUCK DER VIELEN GEISTER
WELCHE FUNKTIONIEREN SOLLEN:
GETRIEBEN HERAUS AUS IHREM INNERN UND
VORWÄRTS KOMMEN WOLLEN:
SPÜRST DU DAS LEUCHTEN UNSERER STERNE
WELCHE LEUCHTEN NUR FÜR UNS IN DER
MAHNUNG DAS WIR WISSEN SPÜRST DU DIE
WELT IST NICHT GESUND!

IM KRIEG MIT DER WELT

IM KRIEG MIT DEM AUßEN, KETTEN DIE
NICHT ZU SPRENGEN SIND, KONSTITUIERE

DEINE ROLLE IN DER WELT. WAS SAGT DAS
GEFÜHL: KANNST DU ES HÖREN.
EIN DUMPFES RAUSCHEN IM OHR. DIE WELT
EINE MUSCHEL WELCHE DAS MEER DEINES
INNEREN IM ZAUM ZU HALTEN VERMAG.
LASS DAS DENKEN: FÜHLEN ZERSPRENGT DICH
NUR.
LIEBE SO HART UND DAS LEBEN SO
ZERBRECHLICH: DOCH DER SCHMERZ
VERBUNDENER SEELEN: IST ZU LEUGNEN: ICH
WEINE DEINE TRÄNEN UND LACHE DEIN
LACHEN, IN GEDANKEN BIN ICH DIR NAHE
UND DOCH SPRENGEN WIR UNSERE BANDE
UND BLEIBEN IM JETZT GEFANGEN.
DAS STÄRKSTE GEFÜHL KANN NICHT DIE
OPFER RECHTFERTIGEN WELCHE DU
ERBRINGEN MÜSSTEST UND DOCH SO
LEBENDIG WILL ICH SEIN WIE ICH BEI
DIR WÄRE.
UND LEBENDIG WÄREN WIR ZU ZWEIT.
BEWEGUNGSSPIEL ZU OSTERN

DAS KLEINE HÄSCHEN LÖFFELOHR…

SCHAUT HINTER EINEM KOHLBLATT VOR!

DIE OHREN WACKELN DAS IHRS WISST!

WIES GRAD VON EINEM KOHLBLATT FRISST

UND WENN WIR NICHT STILL SIND UND

NOCH PLAPPERN: GIBT'S KOHL FÜR UNS

SOFORT ZU KNAPPERN. .

UND IST ES HÄSCHEN LÖFFELOHR ZU LAUT:

MIT PUSCHEL UND MIT HINTERLAUF

SUCHT HÄSCHEN LÖFFELOHR DAS WEITE,

SODASS DIE OHREN FLIEGEND SCHLACKERN,

SPRINGT ER IM ZICK ZACK HIN UND HER,

GANZ VERRÜCKT WIE EIN RAKETENGETIER!

NUN SCHAUT MAL WO ER SICH VERSTECKT!

SCHLÄFT ER IN DER HASENGRUBE;

SCHAUEN DIE OHREN AUS DEM
MAULWURFSLOCH, ODER IST DES HASENFELL

DES BÄREN MÜTZE.

SEHT VIELLEICHT STECKT ER IN DER
HIMBEERHECKE, ODER DORT IN DEM
MAUERLOCH !

ODER WISST IHR KINDER WO ER IST?

VERSTECKT DER HASE GRAD DIE EIER? OB

LÖFFELOHR SICH WOHL NOCH ZEIGT,

ODER SICH DIE NASE REIBT!

IST ES EIN ZAPPELFISCH, ODER EIN GELBER
FROSCH:

ODER SIND ES FELLOHREN DA ZWISCHEN
SCHILF UND BINSEN?

WAS MEINT IHR?
WENN MÄUSCHEN STILL: DIE KINDER SICH
DEN MUND ZU HALTEN:

KOMMT HÄSCHEN LÖFFELOHR BESTIMMT
VORBEI!

UND BRINGT UNS GABEN ZU OSTERN :

WAS LECKERES ALS NUR MÖHREN MIT
KARTOFFELBREI!

DIE PFOTEN RUHIG, DIE OHREN LAUSCHEND

WAS WOHL DER HASE SPRICHT: NUR STILL

UND LEISE FINDET IHR MICH!

WIR STECKEN IM MORAST
DER
VERGANGENHEIT: OBRIGKEITSWAHN ALS
SELBSTAUFGABE, DAS DENKEN ZENSIERT DASS
LERNEN ZERFLEDDERT WIE FLADEN.
BEWUSSTSEIN UND BILDUNG BLEIBT
STAATSDOKTRIN.

BEWUSSTSEIN UND WISSEN WIRD VORGEKAUT
UND SELEKTIERT: BILDUNGSMISSERE:
SYMPTOM EINES IN SICH VERSTOPFTEN
SYSTEMS.
SUBJEKTIVITÄT UND
SELEKTIERUNG VERPACKEN DEN MENSCHEN
METHODISCH IN BEWUSSTSEINSKISTEN.
EIGENSTÄNDIGES BEWUSSTSEIN
UND HERANREIFEN VON PERSÖNLICHKEIT:
NUR BEI DEN KLEINEN ERWÜNSCHT:
DIE ERWARTUNG VIELER KLEINER HEILANDE
WELCHE UNS ERRETTEN: STEHT AUF DEM
PRÜFSTAND. RECHTZEITIGE SOZIALISIERUNG
EINGEPLANT.
DIE ZENSUR VON ENTWICKLUNG DURCH
METHODIK UND DIDAKTIK:
SOLL KONTROLLE SCHAFFEN
ÜBER ENTWICKLUNG UND FREIHEIT. DIE
MASSE HINTER FRAGT NICHT: SIE GIBT DAS
DRESSIERTE BEFFCHEN: MENSCH SEIN IST KEINE
FRAGE DER KINDHEIT: DAS POTENTIAL DES
AUGENBLICKS UND DER SELBSTENTFALTUNG
GESCHIEHT IMMER DANN:
WENN BILDUNG UND BEWUSSTSEIN DER
INITIIERTE SELBSTANTRIEB DES SEINS IST: ALSO
TRAUT EUCH UND EMPÖRT EUCH.
SPRENGT DIE KETTEN WELCHE EUER MENSCH
SEIN DURCH ZENSUR BINDET.
WEIL, WIE WIR VON DAS KLEINE WISSEN IST
WELTANEIGNUNG
EIN PROZESSORIENTIERTER VORGANG DES
BEWUSSTSEINS WELCHER EIGENINITIATIVE
UND UNENDLICH IST!
RUFT ES HERAUS DER MENSCH IST DIE
BLAUPAUSE FÜR DIE ENTWICKLUNG UND
ERRETTUNG DER WELT

UTOPIE

UTOPIA SIND DIE GESTADE AN DENEN DAS
MENSCHENGESCHLECHT ZUR REIFE GELANGT.
ERST WENN WIR EINE GESELLSCHAFT HABEN,
WO GESUND IST FÜR DIE SEELE JEDERMANNS:
UND DIE BRANDSTIFTER DES
NEOLIBERALISMUS DAS ZÜNDELN
UNTERLASSEN:
KANN DER KEIM DER PÄDAGOGIK AUF
FRUCHTBAREN BODEN FALLEN UND
GEDEIHEN.

DENN WIE SCHON JEAN PAUL ZU SAGEN
PFLEGTE: „HEIẞT ÜBER PÄDAGOGIK REDEN
ÜBER ALLES REDEN": ÜBER DEN ZWANG SEIN
EIGENES SELBST IM KONSUM ZU VERGRABEN,
SICH SELBST ZU VERLEUGNEN NOCH EHER DER
WECKER ZUR ARBEIT DREI MAL KLINGELT. DIE
ENTFREMDUNG DES SEINS DURCH DEN
MANGEL AN MÖGLICHKEITEN:
ODER DAS VERSINKEN IN SUCHT UND
DROGEN DURCH PERSPEKTIVLOSIGKEIT!

ES GIBT KEIN MANGEL AN GELD JE MEHR ES IN
DEN HÄNDEN VIELER KUMULIERT, DESTO
GRÖẞER DER SEGEN FÜR DIE WELT. DER
MANGEL AN GELD IST EINE MÄHR WELCHE
DIE GESELLSCHAFT DEM SIECHTUM VON
ZWANG UND HERRSCHAFT PREIS GIBT.
RUTGER BREGMAN ZEIGT UNS DEN
BEDINGUNGSLOSEN WEG IN EINE GESUNDE
WELT:
DENN DAS FREIE BEWUSSTSEIN DES SEINS,
BEDEUTET KULTUR, WACHSTUM,

FORTSCHRITT UND EIN GUTES SEIN
FÜR JEDERMANN.
UND DANN KÖNNEN DIE KINDER IHR WERK
VON EINER BESSEREN WELT VOLLBRINGEN.
WEIL EBEN DER MENSCH KEINE INSEL IST UND
WEIL ER FREIHEIT BRAUCHT UM IN EINEM
LAND VON TOLERANZ UND FRIEDEN
ZUSAMMEN WACHSEN ZU KÖNNEN.
DARUM UND NUR DARUM BRAUCHEN WIR
DIESE UTOPIE UND SIE WARD KEINE UTOPIE
MEHR SIE WARD WIRKLICHKEIT!

DIE NATUR KENNT KEIN LINKS UND RECHTS,
SIE KENNT NUR EIN GERADE AUS! WIR
MENSCHEN HULDIGEN EUCH DEN GÖTTERN
DES KAPITALS DURCH UNSERE ARBEIT! IHR
GÖTTER DES KAPITALS: IHR MILLIARDÄRE
UND MILLIONÄRE: HULDIGT DER NATUR &
UNSEREM PLANETEN MIT EUREM KAPITAL! IHR
STEIGT HINAB AUS DEN BERGEN DES
ANGEHÄUFTEN GELDES: UM DAS GESETZ DES
GLAUBENS AN DIE NATUR UND AN DIE
MUTTER ERDE ZU DEN MENSCHEN ZU
BRINGEN! IHR DIE PROPHETEN DES KAPITALS
WERDET ZU DEN PROPHETEN DER
VERÄNDERUNG UND ZU DEN PROPHETEN FÜR
NACHHALTIGKEIT UND LEBEN! LASST SIE
BRECHEN DIE ÜBER GEBERSTETEN SPEICHER
UND DÄMME DES MONETÄREN ÜBERFLUSSES
UND DER VERSCHWENDUNG UND LASST DEN
SEGEN EURES NEUEN GLAUBENS IN ALLE TÄLER
UND ALLE ECKEN DER WELT ENTSTRÖMEN UM
DORT DEN MENSCHEN UND DIE NATUR
ERBLÜHEN UND ERSTARKEN ZU SEHEN! SPEIST
DIE ARMEN IM NAMEN DER NATUR: SCHAFFT

BILDUNG UND NACHHALTIGKEIT IM NAMEN UNSERES ERKRANKTEN PLANETEN: DENN IHR WISST DIE ZEIT IST REIF! IHR VERTEILT DEN SEGEN EURES GLAUBENS ÜBER DIE WELT:
IN DEM IHR IM NAMEN DER NATUR UND MUTTER ERDE DIE MENSCHEN MIT EUREM KAPITAL ZUR NACHHALTIGKEIT FÜHRT. FRISCH AUF IHR NEUEN PATHETISCHEN PROPHETEN: DIE ZEIT STEHT NICHT STILL, JEDE SEKUNDE ZÄHLT ZUR RETTUNG DER MENSCHHEIT: UND NATUR UND WELT VERTRAGEN KEIN WARTEN! DER AUFTRAG STEHT, DIE SENDUNG IST ERTEILT. DIE HEILIGE BERUFUNG ERTRÄGT KEIN SÄUMNIS. IHR SEID DIE HOFFNUNG, DAS WIRKEN, DAS WEBEN. IHR SEID DAS VERSPRECHEN, DIE VERHEIßUNG, DIE OFFENBARUNG AUF ZUKUNFT AUF LEBEN! IHR SEID DAS KAPITAL

VERTRAUEN SCHAFFT WOHLSTAND

VATER STAAT VERTRAUT SEINEN KINDERN MUTTERLAND VERTRAUT SEINEN SÖHNEN UND TÖCHTERN. DAS GELD DER KINDER IST DAS GELD DER ELTERN
UND DAS GELD DER ELTERN IST DAS GELD DER KINDER.
DAS BEDINGUNGSLOSE GRUNDEINKOMMEN FÜHRT ZU MEHR GESUNDHEIT, MEHR BILDUNG, ZU WENIGER GEWALT IN DEN FAMILIEN, MEHR AUSGEGLICHENHEIT, MEHR

GESCHÄFTSGRÜNDUNGEN UND MEHR STEUEREINNAHMEN.

KONTROLLE, RESTRIKTION, BÜROKRATIE ‚ZWÄNGE UND VORBEHALTE SIND DER VIRUS DEN WIR IN DIE SPIELZIMMER DER KINDER TRAGEN UND ALS KEIM DER UNSELBSTSTÄNDIGKEIT IN DIE SEELEN UND HERZEN DER UNSCHULDIGEN UND SCHUTZBEDÜRFTIGEN PFLANZEN. MENSCHENENTWICKLUNG KANN NUR IM VERTRAUEN DES STAATES GESCHEHEN: WELCHER DIE ENTWICKLUNG DES MENSCHEN NICHT NUR ALS MITTEL SEINER EXISTENZ: SONDERN ALS ZWECK BEGREIFT. KEINE UTOPIE: VERTRAUEN SCHAFFT BEZIEHUNG UND BEZIEHUNG SCHAFFT ERZIEHUNG.

VERTRAUEN HEIßT DAS ZAUBERWORT: WEIL VERTRAUEN SCHAFFT MÖGLICHKEITEN ZUR ENTFALTUNG DES SELBST UND NUR WEIL EIN SYSTEM ANGST DAVOR HAT DIE ENTFALTUNG DES MENSCHEN ALS ZWECK SEINER EXISTENZ ZU SEHEN AUS DER ANGST HERAUS ZU VERSCHWINDEN: ODER WEIL DER WOHLSTAND ALLER ÄNGSTIGT HEIßT DASS NICHT DAS DER ZUM DENKEN BEFÄHIGTE MENSCH SICH NICHT BESSER GEGEN DIE ZWÄNGE STEMMT STATT GEGEN DIE SCHWÄCHSTEN ZU KÄMPFEN. MENSCHEN KOMPENSIEREN OFT SELBST ODER FREMDSCHÄDIGEND:

SELBSTSCHÄDIGEND OHNE VENTIL: FREMDSCHÄDIGEND MIT VENTIL: NUR WENIGE SCHAFFEN ES OHNE GEWALT DEM DRUCK ZU ENTGEHEN. DRUCK IST NICHTS WAS DER MENSCH BEHALTEN WILL: ER WIRD IMMER VON OBEN NACH UNTEN ABGEFÜHRT:

SO IST IMMER VERLASS DASS DIE VON UNTEN
SPUREN. GELOBT SEI ALSO DAS VERTRAUEN!
DER MENSCH ADAPTIERT NACH RAINER
MARIA RILKE

SEIN BLICK IST VOM VORÜBERGEHEN DER ZEIT
SO MÜDE GEWORDEN DAS ER NICHTS MEHR
HÄLT: IHM IST ALS OB ES KEINE ZEIT MEHR
GÄBE & HINTER DIESEM NICHTS AUCH KEINE
WELT. DER GESCHÄFTIGE GANG GETRIEBEN
SCHNELLER SCHRITTE: SIE DREHEN SICH IM
KREIS BIS SELBST DER STÄRKSTE GEIST SICH
TAUMELND DREHT! ES IST WIE DER TANZ VON
GEDANKEN UM NUR EINE MITTE UM DIE
HERUM DER MENSCH SICH IMMER GLEICH
BEWEGT! NUR MANCHMAL SCHIEBT DER
VORHANG DER PUPILLE SICH LAUTLOS AUF
UND ES GEHT EIN BILD HEREIN, GEHT WIE EIN
FUNKEN FLACKERND LEBEN INS HERZ HINEIN
UND HÖRT IM MENSCHEN AUF ZU SEIN! DAS
KAPITALISTISCHE POSSENSPIEL

DIE   INFLATION   DES   LEBENS;
SEMANTISCHE FALLSTRICKE:
ES HERRSCHT KEIN MANGEL AN TOD ZU

ALLEN ZEITEN:
AUCH EIN MANGEL AN HUNGER UND
VÖLLEREI;
SIND UNS NICHT UNBEKANNT! WIR KÖNNTEN
VIELLEICHT MEINEN DEKADENZ BESÄSSE
SELTENHEITSWERT! DOCH DAS INFLATIONÄRE
POSSENSPIEL DES LEBENS,
WIRD SO ERNST ES IST: ZUM BILLIGEN
PRODUKT!. DAS LEBEN LEBT SICH SELBST,
SOLANG ES LEBT! DIE INFLATION DES
LEBENDIGEN BEDARF KEINER
SORGFALT! DIE NATUR WERTET DAS LEBEN
AUF UND AB. GANZ WIE ES WILL: DOCH UND
SCHLIEßLICH STEIGEN WIR INS NASSE GRAB
HINAB! ZAPP ZERR RAPP

FREMDE ZEIT ZWECK BEFREIT SEI GESCHEIT

DIE ZEIT IST UNVERGÄNGLICH:
SIE NAGT BESTÄNDIG SCHMERZLICH AN
ERINNERUNG: DAS GLÜCK IST VERGÄNGLICH:
AUGENBLICKE VERSTREICHEN UNGELIEBT: DIE
SCHMACH, DER SCHMERZ, DAS LEUGNEN DER
EIGENEN BEDÜRFTIGKEIT SIND STETS ABSOLUT!
SICH SELBST, DEN AUGENBLICK, DIE
SINNLICHKEIT: DIE GELEGENHEIT ZU
LEUGNEN: SIND WIE KALTE PFOTEN AUF
BETON:
DAS VERSAGEN WIRD UNVERGÄNGLICH! ZUR
ABSOLUTEN GRÖßE DES EIGENEN LEBENS. ES IST
DER SCHMERZ DES GETRIEBEN SEINS: EIN
ZEITLOSES TREIBGUT DES KAPITALS:

EIN MENSCHENBÜNDEL DESSEN ZEIT EINZIG
DEM   SYSTEM   GEHÖRT! DIE
SCHAM, DIE HÄSSLICHKEIT SICH IN SICH
SELBST IN DER WELT VERLOREN ZU GLAUBEN
WIRD BESTIMMT
UND GESTEUERT DURCH DIE KONTROLLE
EINER   UNVERGÄNGLICHEN
ZEIT! SIE DIE ZEIT WIRD ZUM VASALLEN DES
SYSTEMS:
SIE   WELCHE   GEZWUNGEN   WIRD   DEM
MENSCHEN   ZUR   ABSOLUTEN   GEWALT   ZUM
ABSOLUTEN SCHMERZ ZU WERDEN:
GEPRESST   IN   EIN   KORSETT   VON   ZWANG
VERLIERT   IHRE   NATÜRLICHKEIT   UND
SCHÖNHEIT:
ZEIT IST GELD: SIE WIRD ZUR
UNVERGÄNGLICHEN WARE IM RAHMEN EINES
STAATES:
DER   SCHMERZ   IST   DAS   DOGMA   EINER
ZWECKENTFREMDETEN ZEIT:
EINES   ZWECKENTFREMDETEN

MENSCHENBILDES: ES IST EIN

UNVERGÄNGLICHER SCHMERZ: DEM NICHT

ZU ENTKOMMEN IST. PIETA (GNADE) DIE

VERSÖHNUNG GOTTES MIT DEM MENSCHEN.

MUTTERS MUT
SANFTE REINHEIT
MUTTERS GLUT,
HEILIGES BLUT,
UNGEBROCHEN ZART DAS SANFTE HERZ DIE
WUNDEN TRÄGT:

WO SCHMERZ VERGÄNGLICH NUR TRIUMPH
AUF EWIG WÄHRT!
WO GEBROCHEN SCHIMMERND ANMUT SICH
IM STEIN VERBERGEN, GLATT WIE EIS UND
ZART WIE SANFT DIE GLIEDER IN ERLÖSUNG
AUFGEFANGEN IN DEM SCHOß DER MUTTER
LIEGEND! IST DIE HINGABE VERSÖHNUNG
AUGENBLICK DER HINGABE AN DEN SOHN:
AUGENBLICK DER HINGABE AN DEN HIMMEL:

BRÄCHTE DENN ENTWICKLUNG SPAß!

WARUM MAN SICH ENTWICKELN SOLLTE, WEIL
MAN SICH ENTWICKELN WOLLTE, MACHT
DENN NICHT ENTWICKLUNG SPAß? DEN WILL
ER DOCH DER MENSCH UND SOLL IHN
AUCH   HABEN! WIE EINER DIESER
GROßEN SCHWARZEN RABEN!
WENN DOCH ZAUBERTRANK UNS NACH
VORNE
UND ALLER SCHABERNACK DER WELT UNS
AUS DER SPUR NICHT BRÄCHTE:
SO WÄRE ENTWICKLUNG UNSER HÖCHSTES
ZIEL:
UND UNSER LEBEN WÜRDE ZUR ZIERDE UNS
GEREICHEN.
WEIL   ENTWICKLUNG   REINSTES
MENSCHENRECHT UND TUGEND ALLER

VÖLKER   WÄR! ENTWICKLUNG NUR
ALLEIN IST DER MÜHSAL MÜHLRAD
SCHWERES GUT:
WELCHES ZU MAHLEN DEM MENSCHEN

SCHWERE   LAST   AUFBÜRDET!

UND IHN NIEMALS RUHEN LÄSST! SO GÖNNT

ER SICH EIN FEST UND RUH UND SCHEISST

AUF SICH ENTWICKELN IMMER ZU! WEIL NUR

DIE ZEIT GEWINNT UND DER MENSCH NUR IN

SEINEN BAHNEN SPINNT! EIN MANN WIE EIN

BAUM!

TIEF VERBORGEN IN UNS LEBT DER WALD!
LEBT   DER   SINN   FÜR   URSPRUNG   UND
NATÜRLICHKEIT! TIEF IN UNS WURZELT DER
BAUM, DAS LEBEN.
WIE DIE STARKE LINDE UNS MIT IHREN ÄSTEN
BESCHATTET UND UMFÄNGT: WIE WIR UNTER
IHR DEN SOMMER FEIERN: SO RUHT AUCH IN
UNS DIESE STARKE KRAFT; WELCHE UNS
AUFRECHT HÄLT:
UND AUCH WIR BREITEN DIE ARME AUS:
SCHÜTZEND ÜBER ANDERE: UM
GEMEINSAM WIE DER BAUM IM WALD!.
EINE GEMEINSCHAFT ZU GRÜNDEN:

DIE SYNTHESE MENSCH NATUR WARD
GEBOREN!.

DER HERBST

DEM HITZEKAMPF ENTRONNEN: JUBELN DIE
PFLANZEN   DER   HERBST
IST   DA! WENN LAND UND REGEN
NEBELTAU DER NATUR ERHOLUNG SCHENKEN.
RUFEN DIE STARRE DER HERBST IST DA!
DER HERBST IST DA DIE VÖGEL SINGEN
ABSCHIEDSLIEDER:
DIE JUNGEN WERDEN PFLÜGE: VERLASSEN DAS
HEIMISCHE NEST! DER BODEN SAUGT DEN
HIMMEL LEER, DER SOMMER LIEGT DANIEDER
DER HERBST IST DA! DAS LEBEN ERRINGT NUN
NEUE KRAFT:
DIE PFLANZEN SAUGEN IN IHR GEÄST NEUES
LEBEN
EIN VON LAST BEFREITES JUCHEFALLERA
BREITET SICH ERHABEN AUS EIN JAUCHZEN
ZEIGT IN BUNTEM SPEKTAKEL SEINE PRACHT.
NUN SCHLIEßT DER DURSTIGE BODEN
ALLE RISSE:
DIE   NATUR   ATMET   AUF
  IN
EHRFURCHTSVOLLER   DANKBARKEIT   UND
BEREITET SICH AUF DIE ERHOLUNG VOR. DER
WANDERER   BESTAUNT   DAS   SINNLICHE
PANORAMA: IM INNEHALTEN ERKENNT DER
MENSCH DAS GUTE IN SICH SELBST!

TEMPERA

DAS WAS UNS VERBINDET IST DIE PRÄMISSE VON GEMEINSAMKEIT! DES VATERS BRUST DIE DICH MIT SCHLAGENDEM HERZEN NÄHRT: DES MUTTERS LEIB DER DICH WARM UMSCHLIEßT & LIEBEVOLL BESCHÜTZT! DIE GEMEINSAME FREUDE ÜBER EINEN FRÜHLINGSMOMENT. DAS GESPÜR VON LEBEN IM LEBEN. DAS WAS UNS VERBINDET IST DIE EMPATHIE DER GEMEINSAMKEIT: DAS UNSCHEINBARE, UNTERSCHWELLIGE GEFÜHL NICHT ALLEIN; AUS GUTEM GRUND GLEICH ZU SEIN! EINE PRÄMISSE OHNE PRÄMISSE VON UNS SELBST: SELBSTGEWISSHEIT AUS DER URSACHE HERAUS SEIN SEIN ZU SEIN. UM SEIN LASSEN ZU KÖNNEN WAS SEIN SEIN MÖCHTE! GRENZEN TRENNEN NICHT UNTRENNBARES. EINE UNZERSTÖRBARE PRÄMISSE BLEIBT EWIG: DAS SEHNSUCHTSVOLLE GEFÜHL NACH ZUGEHÖRIGKEIT ZUM GLEICHEM BLEIBT UNSER DOGMA! UND WAS BLEIBT IST DAS VERMISSEN, DIE SEHNSUCHT, SCHMERZ, EINSAMKEIT, VERLUST & DAS LEBEN. DAS AUSSTEHEN VON GRENZEN, KRIEGEN, ENTFERNUNGEN; DAS AUSSETZEN VON KONTAKTEN, FREUNDSCHAFTEN, DAS KONSERVIEREN DIESES LEEREN, TIEFEN SCHMERZES DES BRÖCKELNDEN SELBST WEIL GELIEBTE UND FAMILIE AUF ZEIT ENTRISSEN SIND! DAS IST UNSER GEMEINSAMER SCHMERZ DES STILLHALTENS UNSER STÄNDIGER BEGLEITER IM LEBEN!

IM WASSER FAND ICH DAS BAND ZUM LEBEN:
EIN KLEINER TAUCHER IM UTERUS: BEREIT
ZUM SPRUNG! UND DOCH ZERREIßT ES DIESES
BAND IN TRÄNEN,
DER SALZIGE SCHMERZ DER FEUCHT AUF
IHREN WANGEN BRENNT, DIE SEHNSUCHT
NACH DEN LIEBSTEN: DAS WASSER AUS DER
SEELE ZWÄNGT: UND WENN WIR EINSAM SIND:
IST DIE GEMEINSAME TRÄNE DAS LETZTE
STÜCKCHEN HOFFNUNG DAS UNS BLEIBT.
ABSCHIED UND NEUBEGINN
SINN UND TRÄNE UND WENN DER FLUSS VON
TRÄNEN ZERFLOSSEN IST SO AUCH DIE
HOFFNUNG UND DAS LEBEN: DENN MEHR
KANNST DU NICHT GEBEN.

EINE DIDAKTIK DES ÖFFENTLICHEN UND DES
PRIVATEN RAUMS, EINE ENTWICKLUNG HIN
ZU EINER MODULARE WISSENS-, BILDUNGUND
TECHNOLOGIE GESELLSCHAFT ALS FREIE,
INDIVIDUELLE ENTSCHEIDUNG DES
MENSCHEN IST NICHT NUR DEMOKRATISCH
SINNVOLL, WECKT AUCH DAS POTENTIAL DER
MENSCHEN UND FÖRDERT KREATIVITÄT. DER
ANREIZ MUSS IN DER FREIHEIT UND IM
WETTBEWERB BESTEHEN, JEDER MENSCH HAT
A SEINE GESCHICHTE UND JEDE GESCHICHTE
IST WERTVOLL UND JEDER MENSCH WILL
ZEIGEN WAS IN IHM STECKT UND WAS ER
KANN, DASS IST EIN GRUNDBEDÜRFNIS SEINER
IDENTITÄT. IM HEUTIGEN ÖFFENTLICHEN
SCHULSYSTEM GEHT ES NICHT UM DAS
POTENTIAL IM MENSCHEN, ES GEHT UM
FAKTENBULEMIE, ES GEHT UM FOLGSAMKEIT,
UNIFORMITÄT UND KONFORMITÄT UND JA

ES SOLL SPÖTTISCH KLINGEN GENAU DAS BRAUCHEN WIR FÜR DIE ZUKUNFT UNSERER GESELLSCHAFT: DAS ZIEL UNSERER BILDUNG IST NICHT DAS ZUSAMMENFÜHREN DES MENSCHEN, SONDERN DAS SEPARIEREN UND WEIß GOTT WIR SOLLTEN UNS ALLE SCHÄMEN WELCHE DAS GUT HEIßEN. WIR ALLE MÜSSEN DIE KETTEN DER VERGANGENHEIT SPRENGEN UND DIE VERANTWORTUNG FÜR UNSERE ZUKUNFT ÜBERNEHMEN.
PATHETIK UM DES APPELLS WILLENS ODER DER APPELL UM DER PATHETIK WILLEN!

DIE UTOPIE VON DEMOKRATIE FUNKTIONIERT NICHT OHNE DIE EINBINDUNG DES MENSCHEN IN DEN POLITISCHEN ENTSCHEIDUNGSPROZESS: DIE DIGITALE WELT MACHT ES MÖGLICH DIE MEINUNGEN DER MENSCHEN DEMOKRATISCH ZU BÜNDELN UND MENSCHEN FREIHEITLICH ZU BILDEN UND WO DIE MENSCHEN GLOBAL TÜR AN TÜR UND FENSTER AN WINDOW WOHNEN SIND DIE ZEITEN WO SICH MENSCHEN SELBER ORGANISIEREN UND IN EINER ZUKÜNFTIGEN ZUKUNFT ZU WELTBÜRGERN HERAN WACHSEN KÖNNEN: WELCHE NATIONEN ZU EINEM TEIL DER WELT WERDEN LASSEN WO ALLE MENSCHEN WOHNEN UND LEBEN UND WO UNGESUND GEWORDENE SYSTEME DEM VERNUNFTBEGABTEM MENSCHEN WEICHEN MÜSSEN; WEIL DIE WELT NICHTS MEHR BRAUCHT ALS VERNÜNFTIGE, SELBSTVERANTWORTLICHE BÜRGER DEREN

BESTREBEN EINE BESSERE WELT IST UND WEIL WIR GESEHEN HABEN WIE SEHR SYSTEME BENUTZT UND VEREINNAHMT WERDEN KÖNNEN VON KORRUPTION UND WEIL MIR MENSCHEN ES SATT HABEN IMMER WIEDER DIE FEHLER DER MACHT AUSBADEN ZU MÜSSEN: MIT UNSEREM LEBEN, UNSEREM BLUT UND UNSEREM SCHWEIß: ALSO SAGEN WIR, WIR HABEN DIE ILLOYALITÄT DER MACHT GEGEN DAS LEBEN SATT: WIR WEHREN UND WIR ORGANISIEREN UNS. WIR LEBEN IN EINEM JAHRHUNDERT VON MUT UND TATKRAFT: SO VIELE MENSCHEN HABEN GEKÄMPFT UND GELITTEN FÜR DEN WUNSCH NACH DEMOKRATIE UND FREIHEIT: SO VIELE TAPFERE MENSCHEN HABEN GEZEIGT WIR ALLE KÖNNEN DIE WELT VERÄNDERN WENN WIR ALS MENSCHEN ZUSAMMEN HALTEN UND AN DEM FESTHALTEN AN WAS WIR UNERSCHÜTTERLICH GLAUBEN: DAS MENSCHEN IN DEM BESTREBEN DAS RICHTIGE FÜR SEINE LIEBSTEN ZU TUN AUCH NUR DAS BESTMÖGLICHE LEBEN VERDIENT HABEN: DAS SIE DIE FREIHEIT VERDIENEN GESUND, GLÜCKLICH UND SELBSTBESTIMMT ZU LEBEN, SICH ZU ENTWICKELN UND IM AUFKLÄRERISCHEM SINN ZU ENTFALTEN: WEIL DAS RECHT AUF LEBEN EBEN KEINE VERHANDLUNGSSACHE DER MACHT IST: SONDERN UNBESTREITBARES GUT DES EIGENEN SELBST: ES GILT SO VIELES NEU ZU DEFINIEREN UND EIN NEUES FUNDAMENT FÜR EINE BESSERE WELT ZU BEGRÜNDEN!

UNENDLICH IST DER SEHNSUCHT SCHMERZ :
WIE BIENE NACH DEM POLLEN; UNENDLICH
SEHNT DAS LEERE HERZ NACH BLUT SICH NEU
ZU FÜLLEN: UNENDLICH SCHREIT DAS
VATERHERZ NACH ZEIT UND NÄHE SEINER
LIEBSTEN: DER SCHMERZ IST RUHIG DOCH
TOSEND LEER: DAS HERZ AUFS NEUE ZU
BEFÜHLEN!...
SO FÜHL DICH NEU UND SCHREIT VORAN
IM KAMPF UM DIENE LIEBSTEN DRUM SEI
BEREIT UND GEB ES HER UM ANDERE
HERZEN ZU BEFÜHLEN! UND SEELEN AUF
ZU FÜLLEN.

DAS UNBÄNDIGE GEFÜHL DER ZENTRIERTE
GEIST SIE SIND WIE TAG UND NACHT WIE
SONNE UND MOND DAS GEFÜHL SCHAFFT
WEITE DER GEIST ENTSCHLUSS ZWEI SIND EINS
IM MENSCHEN GESCHWISTER DER KRAFT DAS
JING UND YANG DER KREATIVITÄT DAS
ZWEIGESCHLECHTLICHE DUO DER
SCHÖPFUNG. NUR IN DER VEREINIGUNG
GESCHIEHT DIE WELT
OHNE GEFÜHL KEIN LEBEN
OHNE DENKEN KEINE BILDUNG

ANTINOMIE

DIE ANTINOMIE ZWISCHEN FREIHEIT UND
ERZIEHUNG IST EIN STEINIGER SCHMALER
PFAD ZWISCHEN DEM ABGRUND DER
SELBSTAUFGABE UND DEM HOHEN ZIEL: DEM
BERG DES ANSPRUCHS ERZIEHUNG.
SELBSTENTFALTUNG IST DAS ZUSCHÜTTEN

UND EINEBNEN DIESES ABGRUNDS. DER BERG FÄLLT IN DEN ABGRUND UND ALS RESULTAT ERLANGT DIE VORSTELLUNG VON ERZIEHUNG EINE PLANE EBENE, EIN FUNDAMENT.
DIESE VORSTELLUNG GILT ABER AUCH FÜR ERWACHSENE: ES IST EIN WECHSELSEITIGER PROZESS IN DEM ZWAR DER ERWACHSENE IN DER STÄRKEREN POSITION IST; ABER DAS DYNAMISCHE MITEINANDER IN DER ERZIEHUNG BEDINGT SICH GEGENSEITIG. NUR WEIL MENSCHEN ERWACHSEN WERDEN IST DIE SELBSTENTFALTUNG DARUM TROTZ ALLEM NICHT ABGESCHLOSSEN. EIN AUS SICH SCHÖPFENDER GEIST: SCHÖPFT NICHT AUS EINEM EIMER DER PLÖTZLICH LEER IST; WEIL DANN WÄRE AUCH SEINE EXISTENZ LEER. ICH GLAUBE DARAN DAS VOR ALLEM KINDER ÜBER DIESES POTENTIAL DER MENSCHHEIT INSTINKTIVES WISSEN BESITZEN. GERADE KINDER
SCHÖPFEN AUS EINEM NIE VERSIEGENDEN BRUNNEN VON SELBSTENTFALTUNG, KREATIVITÄT, FANTASIE UND TÄTIGKEIT: SOFERN DIE ERWACHSENEN SIE AUCH LASSEN. HIER GILT DER AUGENBLICK IST DER KATALYSATOR DES ENTSTEHENS.

ABSCHIED DER MAXIMEN

WIR SAGEN DANKE SCHÖN UND AUF WIEDER SEHEN. SCHÖN WAR DIE ZEIT MIT DIR! ABER NUN KAPITALISMUS IST ES ZEIT ABSCHIED ZU

NEHMEN, NICHT WEIL WIR LUXUS NICHT
MÖGEN WÜRDEN, ODER GAR
PRODUKTIVITÄT ABLEHNTEN: NEIN SO IST ES
NICHT. ES IST NUR SO DIE MENSCHHEIT
VERMAG DICH NICHT ZU BEZÄHMEN, DIE
DEKADENZ WELCHE DEINEM STREBEN UND
DEINER THEORIE INNE WOHNT: TÖTET DAS
LEBEN UND ZERSTÖRT UNSEREN PLANETEN. SO
HEIßT ES WIR ODER DU. SO SAGEN WIR AUF
WIEDERSEHEN: WEIL DIE IGNORANZ VON
REICHTUM IN DEINEM NAMEN: LEBEN
VERNICHTET. IN DER MONOKULTUR VON
GELD EXISTIERT NUR DIE DIKTATUR DES
MAMON: DIE BIODIVERSITÄT VON LEBEN,
SEELE UND INDIVIDUUM HAT NEBEN DIR
KEINEN RAUM: SCHÖN WAR DIE ZEIT ABER
NUN HEIßT ES ENDGÜLTIG ABSCHIED
NEHMEN, DIESER PLANET BRAUCHT
NACHHALTIGKEIT IN ALL SEINEN FACETTEN,
SO MUSS DIE DEKADENZ MIT ALL IHREN
APOSTELN FÜR DIE EINE ZUKUNFT WEICHEN,
FÜR DIE EINZIGSTE ZUKUNFT DIE UNS BLEIBT

BERGE VON KONSUMGÜTERN

IN DEN PRODUKTIONSSTÄTTEN TÜRMEN SICH
BERGE VON WAREN, DIE NIEMAND BRAUCHT

UND NIEMAND SICH ZU LEISTEN VERMAG, DER MENSCH IST DABEI AUS ZU STERBEN, WÄHREND DIE KÜNSTLICHE INTELLIGENZ WEITERHIN SELBSTTÄTIG DEN PLANETEN NACH ROHSTOFFEN DURCH WÜHLT UND WEITERHIN FLEIßIG PRODUZIERT UM SEINE ALGORITHMEN WEITERHIN ZU ERFÜLLEN. DER STILLSTAND DES KAPITALISMUS IST KEINE OPTION, DAS KAPITAL DULDET KEINEN STILLSTAND. DIE MILLIARDÄRE ERTRINKEN AN GÜTERN UND GELD UND DER REST DER MENSCHHEIT SUCHT SCHUTZ TIEF IN DER ERDE. DER GANZE PLANET IST ZUM BUNKER GEWORDEN, DAS HÄRE" VERSPRECHEN DES KAPITALISMUS HIEß ZERSTÖRUNG UND DAS VERSPRECHEN VON ARBEIT WAR IMMER DER WOHLSTAND UND DER REICHTUM DER ANDEREN. NUN DIE FRAGE WIE VIEL PRODUKTIVITÄT BRAUCHT UND ERTRÄGT UNSER PLANET UND WELCHEM ZWECK SOLLTE ARBEIT DIENEN. WAS IST ARBEIT EIGENTLICH: MUSS DER BEGRIFF DER ARBEIT VIEL WEITER GEFASST SEIN ALS DER STATUS QUO UNS DAS WEIß MACHEN WILL!

LEBENSSCHUTZ

SCHÜTZE DAS LEBEN WEIL ES AUCH DICH BESCHÜTZT. ZERSTÖRE DIE DEKADENZ WEIL SIE DICH ZERSTÖRT. NEHME ES PERSÖNLICH DAS

JACHTEN UND PRIVATJETS SICH EINEN WETTBEWERB UM DIE ZERSTÖRUNG DER WELT UND DES LEBENS LIEFERN. NIMM ES PERSÖNLICH DAS INTOLERANTE STROHKÖPFE SICH AUF DAS RECHT DES FREIEN WILLENS BERUFEN UND DIE ZERSTÖRUNG DER WELT NICHT FÜR DEKADENT UND AUCH NICHT FÜR IN IHRER VERANTWORTUNG WÄHNEN. GLAUBE DARAN DAS WENN DIE MENSCHEN ZUSAMMEN STEHEN UND GEMEINSAM GROßES PLANEN DIE DEKADENZ KEINE WAHL HAT UND VERSCHWINDEN MUSS. SIE WERDEN SICH NICHT AUF DEN MOND NEIN SAMT DEKADENZ WERDEN SIE SICH AUF DEN MARS SCHIESSEN..ZEIT DASS, DER GEMEINSAME KONSENS WIRKLICH AUCH DEM WILLEN DER MASSE ENTSPRICHT!

FUNKEL, FUNKEL, STERNENPRACHT HELLES LEUCHTEN IN DER NACHT. HELLES LEUCHTEN VON DEN ZINNEN. KÖNNT EIN STERN DEIN HERZ GEWINNEN? BUMMEL,BAMMEL GLOCKENGELÄUT: WORAUF SICH DER MENSCH NUN FREUT: IST ES DAS WORT DER FREUDE ODER GAR DIE NETTE MEUTE? SEELE, SEELE, SEELENHEIL MENSCHEN BEUTE ÜBER ALL! GEDANKEN IM TRIUMPH, DER GLAUBE STECKT IM SUMPF, ZIEH IHN AUS DER PFÜTZE: DENN SONST IST LEBEN NICHTS ALS GRÜTZE. ZU ALLER LETZT WÜNSCH EUCH EIN SCHÖNES OSTERFEST!

BIN VATER, KLETTERGERÜST, HUND, HAHN, HUHN. AUFPASSER, VERSORGER, NACHTWÄCHTER, CLOWN UND

WINDELWECHSLER.BIN VATER, ORGANISATOR, FINANZVERWALTER, SPIELORGANISATOR, BASTLER, BALLON AUFBLASER UND VIELES MEHR. BIN VATER, MATSCHE, PAMPE MACHER, AUFRÄUMER , SPIELE KÄUFER UND SEIFENBLASEN PUSTER EINSCHLAFHILFE, SCHLAFLIED SINGER UND TRÖSTER. BIN PFLASTERER BEI VERLETZUNGEN BIN KUMPEL, FREUND UND QUATSCHE MACHER, BIN BEISKNOCHEN KUSS MAGNET, KITZELAPPARAT UND VIELES MEHR! ZUR ARBEIT GEHEN EINE PFLICHT VATER SEIN MEINE TUGEND.

WENN WIR SPEZIALISIERUNG IN MASCHINEN BANNEN, DAS MENSCHLICHE ZU KAPITAL ABSTRAHIEREN. DEN GEIST DES MENSCHEN AUF DIE ERSATZBANK SCHIEBEN:DANN HABEN WIR DEN ANFANG VOM ENDE DER INDIVIDUALITÄT UND VON FREIHEIT ERREICHT. MENSCH BLEIBT MENSCH WIRD ZU EINEM REINEN MYTHOS.

WIR BRAUCHEN ALLE EINE SEELE SIE BEWAHRT UNS VOR UNIFORMITÄT WIR BRAUCHEN ALLE EINEN EIGENEN WILLEN DER BEWAHRT UNS VOR KONFORMITÄT UND UNSER EIGENES DENKEN BEFREIT UNS VOR FOLGSAMKEIT WELCHE UNS VON UNS SELBST UND UNSEREM LEBEN ENTFREMDET. BILDUNGSSYSTEM DEINE VOLITION GESCHEHE NICHT IM HIMMEL UND NICHT AUF ERDEN. DENN NICHT DAS REICH DES MENSCHEN IST DEIN ZIEL. NUR DEM SYSTEM IST DEIN SINN GEWIDMET. MENSCH WERDE FREI UND GROß.
KREATIV IST DEIN WIRKEN UND UNBÄNDIG DEIN STREBEN MENSCH ZU SEIN.

UND DARUM BIST DU DER EIGENTLICHE
BAUSTEIN DER WELT.
AM ANFANG WAR DAS WORT UND DAS WORT
WAR MENSCH.

DER SÜSSE SCHMERZ GEWÜRGTEN LEBENS,
GEIER WELCHE SICH AUFMACHEN DAS IHRIGE
ZU TUN ZAHNFLEISCH TIEFE GRÄBEN
ZÄHNE GEHALTEN EINZIG VOM WILLEN ZU
LEBEN
WOHLTUENDER AFFENSTICHIGER, DRINGT
ZAHNSEIDE REINIGEND UND REIBEND IN DIE
ENTZÜNDUNG VOR. BLUT, LUST DER
SELBSTFOLTERUNG, FREUDE AM SCHMERZ
MACHT DIE REINIGUNG ZUR
MASOCHISTISCHEN AKRIBIE. LEBEN IST EINE
BESTÄNDIGE ERHALTUNG UND
INSTANDSETZUNG AUFGABE DAS LEBEN SITZT
DIR IM NACKEN. GEPEINIGT DURCH ZERFALL
ZIEHST DU LUSTVOLL DEN SCHORF VOM SACK:
REIBE DEN SCROTUM ZWISCHEN DEINEN
FINGERN.
DAS JUCKEN UND DIE BEFREIUNG IST
LUSTVOLL
DER SACK IST WUND DU MUSST DICH
ZWINGEN DAMIT AUFZUHÖREN
WARTEN, GEDULDIG SEIN DER SCHORF IST DIE
ERNTE. DU ZIEHST IHN AB VORSICHTIG UND
DU ISST DIE TROCKENE HAUT. CHIMÄRE DER
ANPASSUNG: STRESS PRESSEN DEINE
EINGEWEIDE ZUSAMMEN.
DIE PFLICHT RUFT, DU WEIßT DU MUSST
ERBRECHEN,
RAUS DAMIT WÜRGE DIE ANGST HERAUS,
WÜRG SIE RAUS DIE NAHRUNG DIE DICH
BESCHWERT,

WÜRGE LUSTVOLL ALLE SELBSTZWEIFEL HERAUS BIS DU VÖLLIG LEER BIST. FREI, LUSTVOLL FREI FÜR EINEN KURZEN AUGENBLICK.
UM MIT DEM LEBEN KLAR ZU KOMMEN DAUERERBRECHEN WÄRE FEIN, ODER EIN SCHMERZ DER NUR DEINER IST, DU BENUTZT IHN UM MIT DER WELT KLAR ZU KOMMEN. DEIN EIGENER KLEINER SÜßER SCHMERZ DER FREIHEIT!

WIR STEIGEN NIEMALS IN DEN SELBEN FLUß, DER FLUß IST EIN ANDERER UND MAN SELBST IST EIN ANDERER. SCHON IN DEM AUGENBLICK IN DEM MAN TEIL EINES SONNENUNTERGANGS WAR HAT SICH ETWAS IN EINEM GEWANDELT, MENSCHWERDUNG HEIßT BESTÄNDIGER WANDEL. DIESER VARIABILITÄT UND BESTÄNDIGEN ENTWICKLUNG DES MENSCHEN GERECHT ZU WERDEN BEDARF ES EINER GESELLSCHAFT WELCHE IN SICH VARIABEL IST.

ES WIRD NACH EINER DIDAKTIK DER INDIREKTEN ERZIEHUNG GEFORSCHT IM BEREICH DES KINDERGARTENS, DER RAUM ALS EINFLUSS NEHMENDE GRÖßE IN DER ENTWICKLUNG DES KINDES. EINE MODULARE GESELLSCHAFT HAT GENAU DAS ZUM ZIEL FÜR ALLE MENSCHEN JEDEN
ALTERS:EINE LEBENSWELT UND LEBENSWIRKLICHKEIT ZU SCHAFFEN WELCHE BESTÄNDIGE ENTWICKLUNG DES MENSCHEN FÖRDERT. ES HEIßT JA BEKANNTLICH DER WEG IST DAS ZIEL UND DER WEG IST

PROZESSORIENTIERT, LEIDER LEBEN WIR IN EINER GESELLSCHAFT WELCHE DANACH STREBT DEN PROZEß DEM ZIEL UNTERZUORDNEN UND SO DIE PROZESSORIENTIERUNG VON ENTWICKLUNG MANIPULIERT. WAS BRINGT DIE ERREICHUNG EINES ZIELS EIN KEINE ENTWICKLUNG DES MENSCHEN DAMIT VERBUNDEN IST? DARUM MÜSSEN ERST GRUNDSÄTZLICHE FRAGEN ERÖRTERT WERDEN, WENN DIE GESELLSCHAFT INTERESSE DARAN HAT DEN MENSCHEN UND SICH SELBST ZU ENTWICKELN: WAS IST DER MENSCH? WOZU IST ER FÄHIG BEI OPTIMALER FÖRDERUNG?
WAS BRAUCHT DER MENSCH ZU SEINER ENTWICKLUNG?   UND
WELCHE GESELLSCHAFTLICHEN BEDINGUNGEN MÜSSEN HERRSCHEN DAMIT DER MENSCH SICH GERNE UND AUS FREIEN STÜCKEN ENTWICKELN MÖCHTE?

DER MENSCH IST GUT DURCH ENTWICKLUNG DER MENSCH IST PRODUKTIV DURCH BILDUNG
DER MENSCH IST KREATIV DURCH FREIHEIT NATÜRLICH SIND DAS GEWAGTE POSTULATE DER MENSCH WIRD DURCH ERFAHRUNG ZUM VERTRETER SEINER SELBST
ABER LEUCHTET ALL DASS NICHT EIN?
UND VON MIR AUS NENNEN WIR ALL DAS ZUSAMMEN ERZIEHUNG UND SOZIALISATION ZU EINEM LEBENSWERTEN SEIN
WÄRE DAS NICHT OHNEHIN URSPRUNG UND ZIEL JEDEN LEBENS?

WIR VERMEINEN BILDUNG BESCHRÄNKEN
UND DIDAKTISCH EINGEENGT AUFBEREITEN
ZU MÜSSEN UND WENN ICH PRINZIPIELL
NICHTS VON GESELLSCHAFTLICHER
SELEKTIERUNG UND SEPARIERUNG HALTE,
EIGNET SICH WASHBURNES MODULARE
LEARNING WIE ICH ES MIR VORSTELLE: GENAU
ZU SO EINER SEPARIERUNG UND
SELEKTIERUNG VON WISSEN UND BILDUNG
OHNE DIE WAHL DES LERNENDEN UND DEN
UMFANG UND VIELFÄLTIGKEIT VON WISSEN
UND ZUSAMMENHÄNGEN AUS ZU SCHLIEẞEN.
DAS WISSEN WIRD ZU BAUSTEINEN DER
PERSÖNLICHKEIT, ZU PUZZLETEILEN DER
BILDUNG IN MODULARER FORM UND NICHT
ANDERS WIE BEI MODULARER BAUWEISE IN
DER ARCHITEKTUR: SETZT DER MENSCH DAS
GEBÄUDE SEINES SELBST IN MODULEN
SELBSTERWÄHLT ZUSAMMEN. DARAUF SICH
EINZUSTELLEN UND UMZUSTELLEN WÜRDE
SICH FÜR DIE GESELLSCHAFT LOHNEN: ES IST
EINE GANZ ANDERE HERANGEHENSWEISE AN
BILDUNG UND ARBEIT: JA UND NATÜRLICH
KANN ES RAHMENBEDINGUNGEN GEBEN UND
AUCH DIE PFLICHT IM VORDERGRUND
STEHEN: ABER DAS SEIN UND DAS WERDEN
SOLLTE SELBSTBESTIMMT, SELBSTERWÄHLT
UND SELBSTGESTALTET SEIN. SOLCHE MODULE
KÖNNEN IN EINEM PROJEKT ENDEN DAS DER
SELBSTBILDENDE MENSCH FÜR DIE
GEMEINSCHAFT PRÄSENTIERT. PROZESSE SIND
DANN ERFOLGREICH WENN DURCH DIE
ENTWICKLUNG DAS ERGEBNIS DAS ZIEL
ZUTAGE TRITT. SICH IN ZIELVORSTELLUNGEN
ZU VERSTRICKEN UND DER ENTWICKLUNG
NICHT ZEIT UND RAUM ZU LASSEN IST NICHT
ZIELFÜHREND. EIN BÄCKER DER GESUNDES
BROT BACKEN WILL MUSS DEM BROT GENUG,

ZEIT, RUHE UND WÄRME GEBEN UM ZU
REIFEN: NICHT ANDERS VERHÄLT ES SICH MIT
DEM MENSCHEN UND BILDUNG.

DER SÜSSE SCHMERZ GEWÜRGTEN LEBENS,
GEIER WELCHE SICH AUFMACHEN DAS
IHRIGE ZU TUN
ZAHNFLEISCH TIEFE GRÄBEN
ZÄHNE GEHALTEN EINZIG VOM WILLEN
ZU LEBEN
WOHLTUENDER AFFENSTICHIGER DRINGT
ZAHNSEIDE REINIGEND
UND REIBEND IN DIE ENTZÜNDUNG VOR.
BLUT, LUST DER SELBSTFOLTERUNG,
FREUDE AM SCHMERZ MACHT DIE
REINIGUNG ZUR MASOCHISTISCHEN
AKRIBIE.
LEBEN IST EINE BESTÄNDIGE ERHALTUNG
– UND INSTANDSETZUNG AUFGABE
DAS LEBEN SITZT DIR IM NACKEN.
GEPEINIGT DURCH ZERFALL ZIEHST DU
LUSTVOLL DEN SCHORF VOM SACK:
REIBE DEN SCROTUM ZWISCHEN DEINEN
FINGERN.
DAS JUCKEN UND DIE BEFREIUNG IST
LUSTVOLL
DER SACK IST WUND DU MUSST DICH
ZWINGEN DAMIT AUFZUHÖREN
WARTEN, GEDULDIG SEIN DER SCHORF IST
DIE ERNTE.
DU ZIEHST IHN AB VORSICHTIG UND DU
ISST DIE TROCKENE HAUT.

CHIMÄRE DER ANP[...]: STRESS
PRESSEN DEINE EIN[...]E ZUSAMMEN.
DIE PFLICHT RUFT, [...]ßT DU MUSST
ERBRECHEN,
RAUS DAMIT WÜRGE DIE ANGST HERAUS,
WÜRG SIE RAUS DIE NAHRUNG DIE DICH
BESCHWERT,
WÜRGE LUSTVOLL ALLE SELBSTZWEIFEL
HERAUS BIS DU VÖLLIG LEER BIST.
FREI, LUSTVOLL FREI FÜR EINEN KURZEN
AUGENBLICK.
UM MIT DEM LEBEN KLAR ZU KOMMEN
DAUERERBRECHEN WÄRE FEIN,
ODER EIN SCHMERZ DER NUR DEINER IST,
DU BENUTZT IHN UM MIT DER WELT
KLAR ZU KOMMEN. DEIN EIGENER
KLEINER SÜßER SCHMERZ DER FREIHEIT!

QUELLE: KREATIVITÄT ENTDECKEN VON
DANIEL GOLEMAN / PAUL KAUFMANN/
MICHAEL RAY

WIKIPEDIA: WAS IST AUFKLÄRUNG

DAVID RICHARD PRECHT: ANNA UND DER

LIEBE GOTT RAINER MARIA RILKE DER

PANTHER MARIA MONTESSORIE: KOSMISCHE

ERZIEHUNG HERMANN NOHL: WIKIPEDIA